FORZA

HORIZON

6

SPIELANLEITUNG

Inhaltsverzeichnis

KAPITEL 1: EINFÜHRUNG IN FORZA HORIZON 6

1.1 Überblick über die Spielwelt und das Thema

Willkommen bei Forza Horizon 6, der nächsten Weiterentwicklung der Open-World-Rennserie, die für ihre atemberaubende Grafik, den nahtlosen Multiplayer und die tiefgründige Autokultur bekannt ist. In FH6 werden die Spieler in ein aufregendes, sich ständig veränderndes Festival der Geschwindigkeit hineingeworfen, das auf der fesselndsten Karte spielt, die die Serie je gesehen hat.

Ein neuer Standort, ein neuer Horizont

Dieses Mal führt uns das Horizon Festival nach Japan – ein beliebtes Reiseziel der Fans, das eine reichhaltige Mischung aus Tradition und Technologie bietet. Von neonbeleuchteten Stadtlandschaften Tokio-inspirierter Regionen bis hin zu ruhigen Bergpässen und ländlichen Dörfern ist die Spielwelt ebenso vielfältig wie riesig.

Erwarten:

- Kurvenreiche Straßen für Driftschlachten.
- Lebhafte städtische Zentren mit engen Straßen, perfekt für Straßenrennen.
- Ruhige ländliche Gebiete, in denen Kirschblüten und Reisfelder den Rahmen für malerische Kreuzfahrten bilden.
- Berggelände und Küstenstraßen für Hochgeschwindigkeitsherausforderungen.

Thema: Kultur trifft Wettbewerb

Forza Horizon 6 greift das Motto „Kultur trifft Wettbewerb" auf. Das Spiel wirft Sie nicht nur in Rennen, sondern lässt Sie in den Automobil-Lebensstil Japans eintauchen:

- Auto trifft sich in Parkhäusern.
- Street-Art- und Individualisierungszentren.
- Authentische lokale Musik und atmosphärische Klanglandschaften.

Sie werden Einflüsse realer Autokulturbewegungen wie JDM-Tuning (Japanese Domestic Market), Driftszenen und sogar Anpassungen im Bosozoku-Stil sehen.

Evolving World, Live-Festival

Die Welt von FH6 ist lebendig und verändert sich ständig:

- Ein saisonales System kehrt zurück, jedoch mit stärker lokalisierten Wettereffekten (neblige Berge, Taifune, Schneefall).
- Live-In-Game-Events wie Straßentreffen und illegale Nachtrennen werden auf Ihrer Karte angezeigt.
- KI- und Multiplayer-Events verschmelzen miteinander und schaffen eine nahezu nahtlose Online-/Offline-Welt.

Freiheit in Ihrem Tempo

Wie immer entscheiden Sie, wie Sie spielen. Ob Sie:

- Schleifen von Bestenlisten,
- Die ultimative Driftmaschine bauen,
- Ein Retro-Fahrt tunen,
- Oder einfach nur Landschaften erkunden und fotografieren ...

1.2 Wichtige neue Funktionen in FH6

Forza Horizon 6 übernimmt alles, was die Fans an seinen Vorgängern liebten, und baut darauf mit mutigen Innovationen, tiefergehenden Anpassungsmöglichkeiten und immersiveren Spielmechaniken auf. Egal, ob Sie ein Wettkampfrennfahrer oder ein Gelegenheitsfahrer sind, FH6 führt neue Systeme und Verbesserungen ein, die das Open-World-Rennerlebnis neu definieren.

1. Überarbeitete Physik- und Handling-Engine

- Das Fahrmodell wurde erheblich verfeinert und bietet realistischeren Reifengriff, Federungsbewegung und Straßengefühl.
- Verschiedene Oberflächen wie Kies, nasse Fahrbahn und Schnee reagieren natürlicher.
- Fahrzeuggewicht, Aerodynamik und Antriebsstrang haben einen größeren Einfluss auf das Fahrverhalten jedes Fahrzeugs – was die Simulationstiefe erheblich verbessert.

2. Hyperdetaillierte Welt mit prozeduralem Wetter

- FH6 führt dynamische Mikroklimata ein. Sie können ein Rennen in der Sonne starten und in einem Regenschauer beenden oder Nebel über einem Gebirgspass beobachten.
- Jedes Biom (Stadt, Wald, Berg, Küste) verfügt über einzigartige Wettersysteme und Umweltgefahren (wie Überschwemmungen, fallende Blätter oder vereiste Straßen).
- Verbesserte Tag-Nacht-Beleuchtung und Raytracing-Reflexionen machen jeden Moment fotowürdig.

3. Fesselnde Handlungsstränge und Charakterinteraktion

- Horizon Stories sind jetzt verzweigte Erzählungen mit Dialogoptionen, gesprochenen Charakteren und Rufen.
- Sie werden mit Charakteren im Spiel zusammenarbeiten, um exklusive Missionen freizuschalten, wie zum Beispiel eine Driftschule mit einer lokalen Legende oder Offroad-Expeditionen mit Influencern.
- Die Charaktererstellung wurde erweitert, mit mehr Anpassungsmöglichkeiten und emotionalen Zwischensequenzen.

4. Anpassungssysteme der nächsten Generation

- Garage 2.0 bietet umfassendere Tuning-Optionen und vollständige visuelle Überarbeitungsmöglichkeiten:
  - Kundenspezifische Motortausche, Antriebsumbauten, aktives Aero-Tuning.
  - Neue Vinyl-Schichtungswerkzeuge und Farbeffekte wie metallische Flocken, matte Mischungen und reaktives Neon-Unterleuchten.
- Mit Blueprint 2.0 können Spieler mehrstufige Events mit einzigartigen Regelsätzen, benutzerdefiniertem Wetter und geskriptetem KI-Verhalten erstellen.

5. Integrierte Multiplayer-Evolution

- Der „Horizon Live"-Modus ermöglicht einen Drop-in-Mehrspielermodus, ohne dass Bildschirme oder Menüs geladen werden müssen.
- PvP und Koop sind nahtlos in die Spielwelt integriert – Rennen, Herausforderungen und Autotreffen können beim Free-Roaming organisch stattfinden.
- Ein neues soziales Reputationssystem belohnt sauberes Rennen, Kreativität bei Designs und Community-Interaktion.

1.3 Spielmodi: Solo, Koop, Mehrspieler

Forza Horizon 6 setzt die Tradition der Serie fort und bietet eine dynamische und flexible Gameplay-Struktur, die allen Arten von Rennfahrern gerecht wird – egal, ob Sie ein Solo-Entdecker, ein Koop-Herausforderer oder ein PvP-Adrenalin-Junkie sind. In diesem Kapitel werden die wichtigsten Spielmodi erläutert und erläutert, wie sie sich in das nahtlose Open-World-Erlebnis einfügen.

Solo-Modus: Dein Horizont, dein Tempo

Perfekt für Spieler, die ein entspanntes, persönliches Erlebnis bevorzugen.

- Story-Kampagnen und Horizon-Abenteuer
  Gehen Sie durch mehrere Erzählstränge, die sich jeweils um einen Teil der japanischen Autokultur drehen: Driften, Offroadfahren, Straßenrennen usw.
  Durch die während der Missionen getroffenen Entscheidungen können besondere Ereignisse, Charaktere oder exklusive Autos freigeschaltet werden.
- Kartenerkundung und Weltaktivitäten
  Entdecken Sie in Ihrem eigenen Tempo versteckte Straßen, malerische Ausblicke und Sammlerstücke wie Bonustafeln oder Scheunenfunde.
- Zeitfahren und individuelle Events
  Stellen Sie persönliche Rekorde in Driftzonen, Radarfallen, Gefahrenschildern und mehr auf. Probieren Sie von Benutzern erstellte Rennen über das Blueprint-System aus.

Koop-Modus: Gemeinsam fahren, gemeinsam gewinnen

Verbünde dich mit Freunden oder anderen Spielern, um Events und Herausforderungen zu meistern.

- Horizon Stories im Koop-Modus
  Bewältigen Sie Story-Missionen als Team. Dialoge und Zwischensequenzen passen sich der Gruppenbeteiligung an.
- Gemeinsame Welterkundung
  Cruisen, driften oder erfüllen Sie gemeinsam Ziele, ohne Lobbys betreten zu müssen.
- Koop-Rennveranstaltungen
  Treten Sie einem Konvoi bei und treten Sie gegen KI-Teams an. Siege sind kollektiv – perfekt für lockeres Gruppenspiel oder Freundesgruppen mit unterschiedlichen Fähigkeitsniveaus.

Multiplayer (PvP): Die kompetitive Seite von Horizon

Für diejenigen, die ihre Fähigkeiten gegen echte Spieler testen möchten.

- Horizont offen
  Nehmen Sie an Live-PvP-Events teil, darunter Rundstreckenrennen, Sprints, Drift-Wettbewerbe und sogar Demolition-Derbys. Skillbasiertes Matchmaking sorgt für Fairness.
- Der Eliminator: Battle Royale kehrt zurück
  Ein bei Fans beliebter Modus, in dem mehr als 70 Spieler auf einer immer kleiner werdenden Karte gegeneinander antreten. Schalten Sie Gegner in Kopf-an-Kopf-Sprints aus, rüsten Sie Ihr Auto auf und überleben Sie, um zu gewinnen.
- Horizon Cup: Ranglistenrennen
  Ein neuer strukturierter PvP-Modus mit wöchentlichen Turnieren, saisonalen Bestenlisten und Belohnungen wie exklusiven Lackierungen und Autos.

- Community-Events und Live-Challenges
  Flashmobs von Rennen und Stunts, die in der Welt auftauchen und zu spontanen Wettbewerben mit Spielern in der Nähe anregen.

Cross-Mode-Progression

- Alles, was Sie tun – ob Solo, Koop oder Mehrspieler – trägt zu Ihrem gesamten Festivalfortschritt, Ihren EP und Ihren Belohnungen bei.
- FH6 unterstützt Crossplay auf Xbox-, PC- und Cloud-Plattformen und stellt so sicher, dass Sie sich Ihren Freunden anschließen können, egal von wo aus sie Rennen fahren.

1.4 Tipps für Anfänger: Was Sie vor dem Start wissen sollten

Gerade angefeuert *Forza Horizon 6* erstmals? Sie werden einen Nervenkitzel erleben – aber keine Sorge, wir stehen Ihnen zur Seite. Ganz gleich, ob Sie neu in der Serie sind oder einfach nur eine Auffrischung benötigen: In diesem Kapitel werden Ihnen wichtige Einstiegstipps vermittelt, die Ihnen beim Driften helfen werden.

1. Lernen Sie die Grundlagen mit aktivierten Assists

- Forza Horizon 6 bietet Ihnen Volle Kontrolle über die Fahrassistenzsysteme — Traktionskontrolle, Stabilität, Bremsen, Lenkung usw.

- Haben Sie zunächst kein schlechtes Gewissen, wenn Sie sie verwenden. Einschalten automatischer Brems- und Lenkassistent wenn du ganz neu bist.
- Wenn Sie sich langsam verbessern Assistenten ausschalten um bessere Prämien zu erhalten und das volle Potenzial Ihres Autos auszuschöpfen.

2. Beeilen Sie sich nicht, Autos zu kaufen

- Durch Events, Wheelspins und saisonale Belohnungen verdienst du auf natürliche Weise jede Menge Autos.
- Bleiben Sie bei ein paar Starterautos und Konzentrieren Sie sich darauf, sie zu verbessern anstatt frühzeitig neue zu kaufen.
- Probieren Sie in frühen Veranstaltungen verschiedene Fahrzeugtypen (Geländewagen, JDM, Hypercars) mit Leihwagen aus – so finden Sie das, was zu Ihrem Stil passt.

3. Entdecken Sie früh und oft

- Die Karte ist vollgepackt mit Dingen, die es zu entdecken gilt: Scheunenfunde, XP-Tafeln, versteckte Straßen, Fotospots.
- Fahren Sie abseits der Hauptstraßen – es gibt keine Strafe für das Abweichen von der Strecke. Manchmal sind die besten Belohnungen in Wäldern oder hinter Gebäuden versteckt.
- Entsperren Schnellreisepunkte Indem Sie Werbetafeln zerschlagen und wichtige Orte besuchen, sparen Sie später Stunden.

4. Verwenden Sie die Rückspulfunktion (es ist kein Betrug!)

- Eine Kurve vermasselt? Mitten im Drift von einer Klippe geflogen? Mit „Rücklauf" können Sie Fehler rückgängig machen ohne das ganze Rennen neu zu starten.

- Tippen Sie auf die Rückspultaste (normalerweise ←⏎ oder „R"
  auf der Tastatur), um ein paar Sekunden zurückzugehen und
  es erneut zu versuchen.
- Es ist ein großartiges Lernwerkzeug – nutzen Sie es, um mit
  Bremszonen oder neuen Techniken zu experimentieren.

Bonus-Tipps für Anfänger:

- Schauen Sie sich wöchentlich die Festival-Playlist an für
  einfache Belohnungen wie seltene Autos und Bargeld.
- Probieren Sie alles einmal aus – Präsentieren Sie Events,
  Geschichten, Stunts und sogar Foto-Challenges. Sie helfen
  Ihnen, ein höheres Level zu erreichen und die Mechanik zu
  erlernen.
- Vergessen Sie nicht Fordern Sie Ihre täglichen/wöchentlichen
  Wheelspins an – Sie sind kostenlos und geben Ihnen oft
  Autos, Credits oder Emotes.

KAPITEL 2: ERSTE SCHRITTE

2.1 Auswahl Ihres ersten Autos

Dein erstes Auto *Forza Horizon 6* gibt den Ton an, wie Sie das frühe
Spiel erleben werden. Während Sie schnell mehr Fahrzeuge
freischalten, sollte Ihre erste Auswahl Ihren Fahrstil und Ihr
Komfortniveau widerspiegeln.

Optionen für Starterwagen

FH6 bietet eine Auswahl an Einsteigerfahrzeugen in mehreren
Kategorien – typischerweise einen ausgewogenen
Straßenrennwagen, ein agiles Fließheck und einen robusten
Offroader. Jedes hat Vor- und Nachteile:

- Straßenrennfahrer (z. B. Nissan 350Z)
  Ideal für Geschwindigkeit, Driften und frühe
  Rennveranstaltungen. Die geringe Bodenfreiheit macht ihn im
  Gelände schwächer.
- Schrägheckmodell (z. B. VW Golf GTI)
  Einsteigerfreundliches, flinkes Handling. Hervorragend
  geeignet für Stadtveranstaltungen und enge Rennstrecken.
- Offroader (z. B. Ford Bronco oder Toyota Land Cruiser)
  Bewältigt unbefestigte Straßen, Hügel und Erkundungen wie
  ein Champion. Langsamer auf Asphalt, aber perfekt zum
  Entdecken.

Was Sie beachten sollten

- Handling vs. Geschwindigkeit – Anfänger profitieren oft von einem stabilen, gut fahrbaren Auto statt von einem schnellen, aber rutschigen.
- Vielseitigkeit im Gelände – Überlegen Sie, welche Art von Veranstaltungen Sie zuerst durchführen möchten. Die abwechslungsreiche Landschaft des FH6 macht die Geländegängigkeit praktisch.
- Upgrade-Potenzial – Einige Starter-Autos verfügen über bessere Upgrade-Bäume und Tuning-Potenzial als andere.

Für Trinkgeld: Machen Sie sich nicht zu viel Stress – Sie verdienen genug Credits (CR) und Wheelspins, um Ihre Garage schnell zu füllen.

2.2 Fahrzeugklassen und Leistungsstatistiken verstehen

Jedes Auto drin *Forza Horizon 6* wird nach Klasse kategorisiert und mit a bewertet Leistungsindex (PI). Diese Indikatoren helfen Ihnen, schnell Autos zu vergleichen und das richtige für die bevorstehende Veranstaltung auszuwählen.

Fahrzeugklassen erklärt

Die Klassen reichen von den langsamsten bis zu den Elite-Künstlern:

- D-Klasse (PI 100–499): Ältere oder einfache Autos – gut für neuartige Rennen oder lustige Builds.
- C-Klasse (PI 500–599): Langsam, aber stabil – ideal für das frühe Spiel oder zum Üben des Tunings.
- B-Klasse (PI 600–699): Solide Allrounder – ideal für die meisten allgemeinen Rennen.
- A-Klasse (PI 700–799): Wo es schnell geht – ausgewogen und unterhaltsam.

- S1-Klasse (PI 800–899): Hohe Leistung – gut für ernsthafte Rennen und PvP.
- S2-Klasse (PI 900–998): Hypercars und exotische Monster.
- X-Klasse (PI 999): Voll ausgelastete Maschinen – normalerweise nach dem Upgrade oder nur Blueprint.

Wichtige Statistiken, die Sie im Auge behalten sollten

Jedes Auto verfügt über Basisstatistiken, die Sie auf dem Auswahlbildschirm sehen:

- Geschwindigkeit – Maximale geradlinige Geschwindigkeit.
- Beschleunigung – Wie schnell es auf Hochgeschwindigkeit trifft.
- Handhabung – Kurvenfähigkeit und Reaktionsfähigkeit.
- Bremsen – Wie schnell es langsamer wird.
- Offroad – Wichtig für Dirt-, Schnee- oder Trail-Events.

Für Trinkgeld: Schauen Sie sich nicht nur den PI an – den Art der Veranstaltung ist wichtiger. Ein C-Klasse-Offroader wird bei einem Mountain-Trail-Event einen S1-Hypercar schlagen.

2.3 UI- und HUD-Navigation

*Forza Horizon 6*Die Benutzeroberfläche ist übersichtlich, aber voller Funktionen. Wenn Sie das Layout verstehen, können Sie ohne Frustration auf alles zugreifen, von Rennen bis hin zu individuellen Lackierungen.

Übersicht über das Hauptmenü

- Karte – Ihre Anlaufstelle zum Festlegen von Routen, zum Finden von Rennen, zum Auffinden von Scheunenfunden und zum Entdecken versteckter Straßen.
- Autos – Greifen Sie auf Ihre Garage, Fahrzeugbeherrschung, Upgrades und Anpassungen zu.
- Festival-Playlist – Saisonale Ziele, Herausforderungen und zeitlich begrenzte Belohnungen.
- Horizont-Abenteuer – Kampagnenmissionen und Story-Pfade.
- Online – Multiplayer-Rennen, The Eliminator, Horizon Tour und Autotreffen.
- Einstellungen – Steuern Sie Mapping, Assists, Grafiken und mehr.

In-Race-HUD (Heads-Up-Display)

- Tachometer und Drehzahlmesser – Unten rechts. Zeigt Ihre Geschwindigkeit, Ihren Gang und Ihre Drehzahl an.
- Minikarte – Unten links. Zeigt Ihre Route, Spieler in der Nähe und Ziele an.
- Renninfo – Oben in der Mitte. Zeigt Position, Runden, Kontrollpunkte und Zeit an.
- Telemetrie (optional) – Für erweitertes Tuning, Echtzeit-Feedback zu Federung, Reifenhaftung und Kräften.

Benachrichtigungssystem

- Warnungen oben links: Neue Herausforderungen, Wheelspins, Auszeichnungen oder freigeschaltete Events.
- Schnelle Tipps: Kontextabhängiges Popup zum Erlernen neuer Mechaniken oder Verknüpfungen.

Tipps für Navigationsprofis

- Verwenden das Filtersystem auf der Karte, um Ordnung zu schaffen und zu finden, was Sie brauchen (nur Rennen, Sammlerstücke, Story-Missionen usw.).
- Halten Sie die Taste gedrückt rechter Stick (RS) auf Controllern, um Ihre Kamera schnell zurückzusetzen oder die Karte neu zu zentrieren.

2.4 Einrichten von Fahrassistenzsystemen und Bedienelementen

Ihr Steuerungssetup kann das Fahrvergnügen von FH6 völlig verändern – insbesondere, wenn Sie gerade erst anfangen oder mit Wettbewerbsmodi experimentieren.

Fahrassistenzmenü

Gehen Sie im Menü „Einstellungen" zu Schwierigkeit & Assists anpassen:

- Lenkung –
    - *Auto*: Übernimmt die Lenkung für Sie.
    - *Normal*: Empfohlen für Anfänger.
    - *Simulation*: Für Puristen – schwerer zu kontrollieren, aber realistisch.
- Bremsen –
    - *Automatisches Bremsen*: Gut für Lernecken.
    - *ABS an*: Verhindert das Blockieren der Räder bei starkem Bremsen.
- Traktions- und Stabilitätskontrolle – Hilft, Schleudern oder Durchdrehen zu verhindern.
- Fahrlinie –

- *Voll*: Tolles Lerntool, zeigt optimale Weg- und Bremszonen.
- *Nur Bremsen*: Weniger aufdringlich, wenn Sie die Streckenführung bereits kennen.

Empfehlung für Einsteiger:
Beginnen Sie mit normaler Lenkung, eingeschaltetem ABS und eingeschalteter Traktionskontrolle. Reduzieren Sie die Assists nach und nach, wenn Sie an Selbstvertrauen gewinnen.

Controller- und Tastaturzuordnung

- Unterstützt voll Controller-Neuzuordnung (Xbox, PS per Streaming usw.).
- Enthält Voreinstellungen für Rad-Setups (Logitech, Thrustmaster, Fanatec).
- Erwägen Sie die Verwendung auf der Tastatur manuelle Schalttasten wenn Sie Kupplungskonfigurationen verwenden.

Empfindlichkeit und Totzonen

- Anpassen Lenkempfindlichkeit wenn sich Ihre Drehungen zu nervös oder träge anfühlen.
- Ändern tote Zonen um einzustellen, wie viel Knüppelbewegung den Eingang registriert – besonders wichtig für die Feinabstimmung analoger Trigger oder Räder.

Benutzerdefinierte Voreinstellungen

- Du kannst Speichern Sie mehrere Steuerungseinstellungen – perfekt, wenn Sie zwischen Rennstilen wechseln (z. B. Driften vs. Offroad-Rallye).

KAPITEL 3: ERKUNDEN DER KARTE

3.1 Aufschlüsselung der Regionen: Biome und Städte

Forza Horizon 6 spielt in einer detailreichen offenen Welt, die von Japan inspiriert ist – eine Mischung aus realer Geografie und Fahrerlebnissen auf Fantasy-Niveau. Um die richtigen Autos auszuwählen, effizient zu navigieren und Herausforderungen zu meistern, ist es wichtig, die Landschaft zu verstehen.

Bergregion – Mt. Akuma Pass

- Kurvenreiche Bergstraßen Perfekt zum Driften, Touge-Rennen und für malerische Ausblicke.
- Das Wetter beinhaltet oft Nebel und Schnee, was höhere Höhen zu einer Herausforderung macht.
- Zuhause Bergsteigerveranstaltungen, Driftzonenund versteckte Sammlerstücke in Tunneln und Schreinen.

Stadtregion – Hafen Shirokawa und Higashi

- Shirokawa ist einmoderne Metropole, voller Wolkenkratzer, neonbeleuchteter Straßen und enger Gassen.
- Funktionen des Higashi-Hafens Industriegebiete, Schiffscontainerund komplexe Überführungen.
- Ideal für Straßenrennen, Nachtveranstaltungen, und das Aufnehmen von Fotoherausforderungen mit Stadtlichtern.

Küstenregion – Sakura Shores

- Breite, kurvige Straßen entlang von Meeresklippen.

- Fahren im gemischten Gelände: Asphaltstraßen treffen auf Sandstrände und Promenaden.
- Ideal für Geschwindigkeitszonen, Gefahrenzeichenund Gelegenheitskreuzfahrten.

Auf dem Land – Reisfelder und Schreine

- Üppige ländliche Gebiete voller Reisterrassen, Bambuswälder und historische Tempel.
- Beinhaltet Schotterwege und schlammige Straßen – perfekt für Offroad-Rennen und Erkundung.
- Verfügt über jede Menge Scheunenfunde, einschließlich klassischer JDM-Autos.

Vulkanzone – Blackstone Ridge

- Ein extremeres, raueres Gelände mit Straßen aus Lavagestein, Schluchten und Geysire.
- Hier finden hochkarätige Veranstaltungen wie statt Der Handschuh Und Eliminator-Arenen.
- Optisch atemberaubend, aber gefährlich – bringen Sie ein Allradfahrzeug mit.

3.2 Schnellreisen, Garagenstandorte und Außenposten

Effiziente Bewegung und Ressourcenzugriff sind der Schlüssel dazu, Ihre Zeit in FH6 optimal zu nutzen. In diesem Abschnitt wird beschrieben, wie das geht schneller bewegen, Autos wechseln, Und Verwalten Sie Ihre Builds ohne Zeit zu verschwenden.

Schnellreisesystem

- Zunächst begrenzt – Sie können nur schnell dorthin reisen Festivalgelände, Außenposten und Häuser.
- Schnellreisetafeln (zerstörbare Schilder), die über die Karte verteilt sind, reduzieren die Kosten pro Sprung.
  - Zerschmettere alle 50, um sie freizuschalten kostenlose Schnellreise überall.
- Verbessern Sie Ihre Schnellreisevorteile über Auto-Meisterschaftsbaum oder Spielervorteile.

Garagenstandorte

- Garagen ermöglichen es Ihnen Greifen Sie auf Ihre komplette Autosammlung zu, Teile aufrüsten und Builds optimieren.
- Sie können Autos unterstellen:
  - Festival-Hauptquartiere (Hauptkampagnenstandorte).
  - Spielerhäuser (käuflich mit CR im Spiel).
  - Außenposten biomübergreifend freigeschaltet.
- Jede Garage kann auch eine beherbergen Schnell-Upgrade-Schacht Und Terminal zur Blaupausenerstellung.

Außenposten (Horizon-Satelliten)

- Mini-Hubs in abgelegenen oder biomspezifischen Regionen.
- Bieten Sie Zugang zu grundlegenden Dienstleistungen: Autowechsel, Reparaturen, Schnellreisen und lokale Veranstaltungen.
- Dienen oft als Startpunkte für Cross-Country-Rennen oder Handlungsstränge, die an ihren Standort gebunden sind (z. B. ein treibendes Dojo in den Bergen).

Häuser als Strategie nutzen

- Der Kauf von Häusern ist nicht nur kosmetischer Natur – er bringt Vorteile mit sich wie:

- o Zusätzliche Wheelspins
- o Schnellreiseboni
- o Tägliche Belohnungserhöhungen
- o Benutzerdefinierte Spawnpunkte – super hilfreich für
   Race Farming oder Challenge Grinding

3.3 Dynamische Wetter- und Tageszeiteffekte

Eine der größten immersiven Stärken von *Forza Horizon 6* ist es
lebendige Welt, Wo Wetter und Zeit sind nicht nur visuell – sie
wirken sich direkt auf das Gameplay, die Strategie und das
Gesamterlebnis aus.

Dynamische Tageszeit

- Die Zeit vergeht auf natürliche Weise und schafft etwas
  Sonnenaufgänge, Mittag, Sonnenuntergänge und tiefe Nacht
  Zyklen.
- Bestimmte Rennen oder Sammlerstücke erscheinen
  möglicherweise nur zu bestimmten Zeiten (z. B.
  Straßenveranstaltungen, die nur nachts stattfinden).
- Verwenden Fotomodus um die Zeit anzuhalten und
  malerische Aufnahmen zu machen – die goldene Stunde in
  FH6 ist atemberaubend.

Für Trinkgeld: Bei einigen Online-Events werden die Zeitzyklen
zurückgesetzt. Planen Sie die Erkundung während Tageslicht für eine
einfachere Navigation.

Saisonales Wettersystem

- FH6 führt das fort wöchentlich wechselndes Saisonsystem (Frühling, Sommer, Herbst, Winter), jeweils mit einer Dauer von ca. 7 Tagen in realer Zeit.
- Jede Saison ändert sich:
  - Wetterbedingungen
  - Wasserstand und Geländegriff
  - Eventtypen und Belohnungen

Jahreszeit	Merkmale
Frühling	Regenschauer, blühende Kirschbäume, rutschiger Asphalt
Sommer	Heiße, trockene Straßen mit guter Sicht und Höchstgeschwindigkeiten
Herbst	Nasse Straßen, fallendes Laub, starker Wind in Küstengebieten
Winter	Schnee in den Bergen, zugefrorene Seen, vereiste Offroad-Strecken

Wetterauswirkungen auf das Gameplay

- Regen und Nässe Reduzieren Sie den Grip – auch bei Supersportwagen.
- Schnee oder Schlamm verändert die Wirksamkeit des Reifens. Rüsten Sie Offroad-Reifen oder Allradantrieb im Voraus aus.
- Nebel beeinträchtigt die Sicht bei Hochgeschwindigkeitsläufen – insbesondere im Morgengrauen in Bergregionen.

Abstimmung auf das Wetter

- Überprüfen Sie immer die Festival-Playlist oder Saisonvorschau bevor Sie Ihren Build anpassen.

- Installieren Regenreifen, wechseln Sie zu Schneebereite AWD-Setups, oder passen Sie Ihre Aerodynamik an, um windige Driftzonen zu bewältigen.

3.4 Versteckte Straßen und Sehenswürdigkeiten finden

Die Karte von FH6 ist vollgepackt mit Geheimnisse, von malerischen Schreinen bis hin zu unterirdischen Gängen – und Sie werden dafür belohnt, sie zu finden.

Versteckte Straßen und Bonusrouten

- Angerechnet werden Straßen, die erst auf der Karte erscheinen, wenn sie befahren werden Fortschritte bei der Straßenerkennung.
- Beinhaltet:
  - Hintergassen in Shirokawa
  - Dschungelpfade auf dem Land
  - Abkürzungen auf dem Dach der Hafenstadt

Scheunenfunde

- Klassische JDM- und Konzeptautos sind in abgelegenen Scheunen versteckt – freigeschaltet, nachdem durch Erkundungs- oder Story-Missionen Gerüchte gehört wurden.
- Nach der Entdeckung wird die Scheune markiert und das Auto im Laufe der Zeit restauriert.
- Du kannst die Wiederherstellung beschleunigen Credits verwenden.

Einige Scheunenfunde sind saisongebunden – das heißt, Sie können sie nur während bestimmter Wetterzyklen erhalten.

Sehenswürdigkeiten, auf die Sie achten sollten

- Auf der Karte verstreut sind:
  - ○ Tempel – Oft verbunden mit Foto-Challenges oder Story-Events.
  - ○ Leuchttürme und Pagoden – Schnellreise-Spots oder Scheunenfund-Hinweise.
  - ○ Verlassene Bahnstrecken, Tunnel, Schreine – Oft werden Bonustafeln oder alternative Rennstarts versteckt.

Sammlerstücke

- XP-Boards – Zerschmettere, um Erfahrung zu sammeln.
- Schnellreisetafeln – Reduzieren Sie die Kosten für Schnellreisen (insgesamt 50).
- Schatzsuchen – Lösen Sie Rätsel, um seltene Autos und hohe Kreditauszahlungen zu verdienen.
- Foto-Herausforderungen – Machen Sie gezielte Bilder an Orten oder mit Themenfahrzeugen.

KAPITEL 4: DIE AUTOS VON FH6

4.1 Kategorien: Offroad, Hypercars, Klassiker und mehr

Forza Horizon 6 bietet Hunderte von Autos in verschiedenen Kategorien, die jeweils für bestimmte Gelände- und Renntypen geeignet sind. Die Kenntnis der Kategorien wird den Spielern helfen, ausgewogene Sammlungen aufzubauen und effektiv zu konkurrieren.

Hauptfahrzeugkategorien

- Offroad / Rallye
  - Hohe Bodenfreiheit, Allradantrieb, gebaut für Schmutz, Kies und Schnee.
  - Ideal für Trailblazer, Cross Country und saisonale Herausforderungen.
- Hypercars / Supercars
  - Extrem hohe Geschwindigkeit, Beschleunigung und Handling.
  - Ideal für Straßenrennen, Radarfallen und Geschwindigkeitszonen auf Autobahnen.
- Klassiker / Retro
  - Kultige Fahrzeuge aus den 60er bis 90er Jahren, darunter JDM-Legenden und Muscle-Cars.
  - Wird oft für Spezialveranstaltungen oder saisonale Herausforderungen benötigt.
- Muskel / Widerstand
  - Rohe Kraft, besonders auf geraden Strecken.
  - Dominant bei 1/4-Meilen-Rennen und Showdowns.
- Straße / Schrägheckmodelle
  - Agil und schnell, perfekt für Stadtrundfahrten und enge Strecken.
  - Hervorragend geeignet für neue Spieler und städtische Veranstaltungen.

Spezialkurse

- Driftautos – Auf Übersteuern und stilbasierte Ereignisse abgestimmt.
- Buggys und Trophäen-Trucks – Ideal für Sanddünen und Sprünge.
- EVs (Elektrofahrzeuge) – Sofortiges Drehmoment und leise, futuristische Leistung.

4.2 So entsperren und kaufen Sie Autos

FH6 bietet viele Möglichkeiten, Ihre Garage zu erweitern – vom Kauf über den Gewinn bis hin zum Entdecken.

Möglichkeiten, Autos zu bekommen

- Autoshow – Der Händler im Spiel. Kaufen Sie ein beliebiges nicht exklusives Auto mit CR (Credits).
- Wheelspins / Super Wheelspins – Gewinnen Sie zufällige Fahrzeuge, Credits oder Kosmetika.
- Festival-Playlist – Wöchentliche Herausforderungen bieten exklusive und saisonale Autos.
- Scheunenfunde – Versteckte Klassiker, die im Laufe der Zeit restauriert werden.
- Auktionshaus – Spieler-zu-Spieler-Marktplatz für seltene oder getunte Autos.
- Car Pass und DLC – Bezahlte Inhalte fügen wöchentlich oder über Pakete neue Autos hinzu.

Währung und Seltenheit

- CR (Credits) – Hauptwährung im Spiel, verdient durch Rennen, Herausforderungen und Verkäufe.
- Exklusive Autos – Nur über Events, Meilensteine oder zeitlich begrenzte Drops verfügbar.
- Legendäre/seltene Tags – In der Garage farblich gekennzeichnet, um die Knappheit anzuzeigen.

4.3 Fahrzeugbeherrschung und individuelle Vorteile

Zu jedem Auto gehört ein Meisterschaftsbaum, sodass Sie durch Stunts, Rennen und Combos verdiente Fertigkeitspunkte ausgeben können.

Wie Automeisterschaften funktionieren

- Verdienen Fähigkeitspunkte durch Fahrleistungen (Drifts, Sprünge, Beinaheunfälle usw.).
- Gib sie aus Vorteile an jedes einzelne Fahrzeug gebunden – diese variieren stark.

Gemeinsame Meisterschaftsvorteile

- Fähigkeitssteigerungen – Erhöht die Combo-Dauer oder den Multiplikator.
- XP- oder CR-Boni – Einmalige oder dauerhafte Erhöhungen.
- Wheelspins – Wird oft tief im Baum gefunden und eignet sich hervorragend zum Aufbau von Wohlstand.
- Schnellreise-Rabatte – Reduzieren Sie die Reisekosten mit bestimmten Fahrzeugen.

Optimieren Sie Ihre Meisterschaftsstrategie

- Priorisieren Sie Autos mit Wheelspin-Vorteile für maximalen Wert.
- Bauen Stunt-fokussierte Autos mit erweiterten Fertigkeitsketten für einfacheres Mastery Farming.
- Einige Autos haben einzigartige Vorteile, wie das Freischalten versteckter Fahrzeuge oder Kosmetika.

4.4 Leistungssteigerungen im Vergleich zu ästhetischen Mods

Die individuelle Anpassung steht im Mittelpunkt von FH6. Sie können Ihr Auto optimieren Aussehen, Handhabung und Leistung mit separaten Upgrade-Pfaden.

Leistungssteigerungen

Zugriff über die Upgrades & Tuning-Menü, diese wirken sich auf die Statistiken und die PI-Klasse Ihres Autos aus:

- Motortausch – Erhöhen Sie die Leistung drastisch; kann die Klasse des Autos ändern.
- Antriebsumbauten – Schalten Sie FWD ↔ AWD um, um das Handling oder die Traktion zu verbessern.
- Reifen und Federung – Entscheidend für geländespezifische Builds (z. B. Rallye vs. Drag).
- Gewichtsreduktion – Verbessert Beschleunigung und Handling.
- Turbo/Kompressoren – Großer Geschwindigkeitsschub; Möglicherweise ist ein Abstimmungsausgleich erforderlich.

Ästhetische Mods

- Visuelle Upgrades – Bodykits, Kotflügel, Stoßstangen und Motorhauben.
- Lack- und Vinyl-Editor – Vollständig individuelle Lackierungen oder von der Community erstellte Lackierungen herunterladen.
- Felgen und Reifen – Ändern Sie Größe und Stil, ohne die Leistung zu beeinträchtigen.

- Fenstertönung, Motorraum, Lichter – Nur zur Show, aber fügen Sie Stilpunkte hinzu.

Blueprint-Tuning

Fortgeschrittene Spieler können das verwenden Tuning-Bereich anpassen:

- Übersetzungsverhältnisse
- Reifendruck
- Aero-Balance
- Differenzielles Verhalten

KAPITEL 5: RENNEN UND VERANSTALTUNGEN

5.1 Renntypen: Rennstrecke, Sprint, Straße, Dirt usw.

Forza Horizon 6 bietet eine große Auswahl an Renntypen, die auf unterschiedliche Autos, Gelände und Spielerfähigkeiten zugeschnitten sind. Der Schlüssel zum Erfolg ist es, zu wissen, welches Auto man verwenden sollte – und wie man an jedes Format herangeht.

Rundstreckenrennen

- Geschlossene Schleifen mit mehreren Runden.
- Erfordern Präzision und Konsistenz auf Bremszonen und Kurven.
- Erscheint in allen Geländearten (Asphalt, Erde, Schnee).
- Bestens geeignet für Handhabungsorientierte Builds und Rennreifen.

Sprintrennen

- Punkt-zu-Punkt-Rennen von einem Ort zum anderen.
- Oft handelt es sich um eine Mischung aus Straßentypen und dynamischen Kurven.
- Konzentrieren Sie sich auf Beschleunigung, Grip und Streckenkenntnisse.

Straßenrennen

- Nächtliche Veranstaltungen mit Verkehr, engen Kurven und minimalen Sicherheitsbarrieren.

- Brauchen starke Reflexe und griffige Straßenreifen.
- Oft verbunden mit Rivalenfortschritt oder Einflusssteigerungen.

Dirt & Cross Country

- Offroad-Rennen durch Wälder, Flüsse, Wüsten und Bauernhöfe.
- Am besten mit angehen AWD-Systeme, Rallye-Federung und Offroad-Reifen.
- Das Gelände kann sich je nach Jahreszeit ändern (Schlamm, Schnee, Eis).

5.2 Veranstaltungstypen: Horizon Stories, Showcase, Eliminator

Über die traditionellen Rennen hinaus bietet FH6 einzigartige, filmische und kreative Events, die den Alltag durchbrechen.

Horizontgeschichten

- Mini-Kampagnen mit gesprochenen Charakteren und thematischen Zielen.
- Beispiele: Drift Academy, Car Culture Chronicles, Midnight Touge Legends.
- Fortschritt belohnt einzigartige Autos, Emotes und Kleidungsstücke.
- Mit Sternen bewertet (1–3 pro Kapitel), mit Boni für Stil, Geschwindigkeit und Präzision.

Showcase-Events

- Epische einmalige Rennen gegen Flugzeuge, Züge, Boote oder sogar riesige Roboter.
- Entwickelt, um Wow – filmische Intros, individuelle Routen, dramatische Abschlüsse.
- Wird normalerweise durch die Festivalerweiterung oder den Story-Fortschritt freigeschaltet.

Der Eliminator

- FHs Version eines Battle Royale.
- 30–70 Fahrer kommen in eine immer kleiner werdende Arena.
- Finden Sie Autos auf der Karte (Level 1 bis 10) und verbessern Sie sie durch direkte Siege.
- Der letzte Fahrer, der noch übrig ist, gewinnt nach einem finalen Showdown-Sprint.

Benutzerdefinierte Blaupausen und Community-Events

- Spieler können Rennen mit einzigartigen Bedingungen erstellen/teilen: neblige Nächte, umgekehrte Routen, Wetterchaos.
- Suchen Sie nach Tags oder Erstellernamen nach endlosen neuen Herausforderungen.

5.3 Tipps zum Gewinnen von Rennen und zum Besiegen von Rivalen

Sie haben die Autos – hier erfahren Sie, wie Sie jede Startaufstellung dominieren.

Fangen Sie stark an

- Verwenden Schaltgetriebe + Kupplung (falls geübt) für schnellere Starts.
- Passen Sie Ihre Beschleunigung genau auf den Countdown an, um ein Durchdrehen der Räder zu vermeiden.

Corner wie ein Profi

- Benutzen Sie die Bremszonenanzeigen, aber lernen Sie zu bremsen vor dem roten, nicht drin.
- Geben Sie in engen Kurven, insbesondere auf unbefestigtem Untergrund, Gas.
- Master Trail-Bremsen für sanftere Übergänge in engeren Kurven.

Nutzen Sie den Rivalen-Modus zum Üben

- Wiederholen Sie Rennen gegen „Geister" echter Spieler oder Freunde.
- Lernen Sie alternative Linien und entdecken Sie bessere Brems-/Boost-Punkte.

Tuning für Siege

- Passen Sie Federung, Reifendruck und Achsantrieb immer an die Art der Veranstaltung an.
- Niedrigerer Reifendruck = mehr Grip. Höher = schnellere Geradeausgeschwindigkeit.

Drivatar-Schwierigkeitsgrad

- Erhöhen Sie die KI-Stufe (bis zu „Unschlagbar"), um bessere Belohnungen zu erhalten – aber testen Sie zuerst.
- Einige saisonale Events erfordern Siege auf höheren Schwierigkeitsgraden.

5.4 XP-Boosts, Fertigkeitsketten und Einflusspunkte

Beim Fortschritt geht es nicht nur um Siege – auch Stil und Stunts sind wichtig.

XP verdienen und im Level aufsteigen

- XP erhält man durch:
    o Rennen
    o Stunts (Sprünge, Drifts, Fähigkeiten)
    o Zerschmetternde XP-Boards
    o Tägliche/wöchentliche Herausforderungen meistern
- Zuschüsse erhöhen Wheelspins, Creditsund schaltet neue Ereignisketten frei.

Aufbau von Kompetenzketten

- Kombiniere Stunts wie:
    o Drifts + Beinaheunfälle + Luft + Sprünge + Geschwindigkeit + Burnouts
- Vermeiden Sie einen Absturz Bankmultiplikatoren und verdiene Fertigkeitspunkte für Fahrzeugmeisterschaften.

Tipp: Verwenden Sie Autos mit Boni der Fertigkeitskette (Überprüfen Sie ihren Meisterschaftsbaum).

Einflusspunkte (Kampagnenfortschritt)

- Einfluss fördert den Fortschritt der Horizon-Story.
- Verdienen Sie es über:
    o Veranstaltungen
    o Foto-Herausforderungen

- Vitrinen
- Inhalte über Horizon Life streamen oder teilen

Booster- und Multiplikator-Tipps

- Festivalhäuser und -kleidung können manchmal den XP-/Einflussgewinn steigern.
- Fähigkeiten vervielfachen sich schnell Driftzonen, Gefahrenschilder und offene Felder – ideal für die Landwirtschaft.

KAPITEL 6: TUNING & ANPASSUNG

6.1 Grundlegendes vs. erweitertes Tuning

Das Tuning im FH6 kann so einfach oder so umfassend sein, wie Sie möchten – von grundlegenden Upgrades bis hin zu komplizierten Optimierungen, die sich auf Handling, Geschwindigkeit und Geländegriff auswirken.

Grundlegende Abstimmung

- Erhältlich über die Upgrades Speisekarte.
- Automatische Upgrade-Optionen (z. B. „Upgrade auf S1-Klasse") machen es schnell und einfach.
- Tauschen Sie Motoren aus, bauen Sie Turbos ein, passen Sie die Federungstypen an und mehr.
- Ideal für Einsteiger auf der Suche nach schnellen Leistungssteigerungen.

Erweiterte Abstimmung

- Zugriff über die Tuning & Setup > Benutzerdefiniertes Tuning Speisekarte.
- Ermöglicht den Spielern die Kontrolle über:
  - Reifendruck
  - Übersetzungsverhältnisse
  - Ausrichtung (Sturz, Spur, Nachlauf)
  - Federn, Dämpfer, Stabilisatoren
  - Aero (Abtrieb)
  - Differenzielles Verhalten

Für Trinkgeld: Speichern und teilen Sie Ihre Tuning-Setups – Top-Builds können in der Community viral gehen und beim Herunterladen CR verdienen.

6.2 Wie man Fahrzeugstatistiken liest und anpasst

Wenn Sie verstehen, was jede Statistik bedeutet, können Sie intelligentere Autos für bestimmte Herausforderungen bauen.

Kernstatistiken zum Auto

Stat	Was es beeinflusst
Geschwindigkeit	Höchstgeschwindigkeit auf langen Geraden (Autobahnen, Sprints)
Beschleunigung	Wie schnell ein Auto nach einem Halt an Geschwindigkeit gewinnt
Start	Erststart (Ziehen, Gelände, kurze Sprints)
Bremsen	Wie schnell ein Auto effizient bremst
Handhabung	Kurvengängigkeit, insbesondere bei hoher Geschwindigkeit
Offroad	Stabilität und Grip auf unebenem Gelände

Anpassung an Ereignisse

- Für Drag-Rennen, priorisieren Sie Start und Beschleunigung.
- Für Bergsprints oder RundstreckenKonzentrieren Sie sich auf Handling und Bremsen.
- Für Cross Country oder Rallye, Steigern Sie das Gelände und den Grip.

Verwenden Sie das Dyno-Diagramm

- Im Tuning-Menü zu finden, zeigt Leistungskurven an.

- Ideal zum Analysieren, wo Ihr Auto sein maximales Drehmoment und seine maximale Leistung erbringt – nützlich zum Anpassen von Übersetzungsverhältnissen und Schaltpunkten.

6.3 Lackierungseditor: Entwerfen und teilen Sie Ihren Look

Der Livery Editor ist Ihr Werkzeug, um Ihr Auto in ein fahrendes Kunstwerk zu verwandeln.

Wie es funktioniert

- Verwenden Sie Ebenen, Formen, Text und Logos.
- Bringen Sie Vinyls auf einzelne Teile an: Motorhaube, Dach, Seiten, Heck usw.
- Kann die linke/rechte Seite spiegeln oder asymmetrisch gestalten.

Beliebte Anwendungen

- Erstellen reale Lackierungen (z. B. Anime, Rennteams, Retro).
- Machen einzigartiges Club-Branding für Online-Crews.
- Bauen gesponserte Fahrten oder Memes, die viral gehen.

Teilen und Herunterladen

- Speichern Sie Designs und laden Sie sie in den Community-Hub hoch.
- Suchen nach Schlüsselwörter, Schöpfer, oder Automodell.
- Verdienen Downloads und Likes bringt Ihnen Belohnungen und Follower ein.

6.4 Blueprint Builder: Benutzerdefinierte Ereignisse erstellen

Dieses Tool macht jeden Spieler zum Spieledesigner. Erstellen Sie mit Ihrer Fantasie und den In-Game-Tools völlig individuelle Events.

Starten einer Blaupause

- Nehmen Sie an einem Rennen teil und wählen Sie dann „Route erstellen" oder „Event Lab".
- Fahren Sie die Route, die Sie nutzen möchten, und platzieren Sie Kontrollpunkte oder lassen Sie sie frei fließen.

Anpassungsoptionen

- Anpassen:
    o Uhrzeit
    o Wetterbedingungen
    o Verkehr und Drivatare
    o Fahrzeugbeschränkungen
    o Musik, Intro-Kameras und Effekte
- Hinzufügen Requisiten wie Rampen, Tunnel, Werbetafeln, brennende Ringe usw.

Eventlabor 2.0

- FH6 fügt weitere Tools hinzu: animierte Objekte, bewegliche Plattformen, Soundauslöser.
- Das können Sie jetzt Skript-Minimissionen, Stunts oder sogar Rätsel.

Veröffentlichen und Teilen

- Hochladen mit Tags wie:
    - „Drift-Track"
    - „Minispiel"
    - „Story-Modus"
- Teilen Sie den Veranstaltungscode mit Freunden oder machen Sie ihn öffentlich.
- Verfolgen Sie Wiedergaben, Likes und Remixe.

KAPITEL 7: MEHRSPIELER- UND ONLINE-MODI

7.1 Horizon Open, Konvois und Clubs

Forza Horizon 6 bringt Spieler in seiner riesigen offenen Welt sowohl im Casual- als auch im Wettbewerbsmodus zusammen. Hier erfahren Sie, wie Sie sich zusammenschließen, Communities beitreten und in die Action eintauchen.

Horizont offen

- Open-World-Multiplayer-Rennen und -Events – keine Matchmaking-Einschränkungen.
- Beinhaltet:
  - Offenes Rennen – Straße, Feldweg, Gelände, Straße.
  - Drift – Treten Sie in Driftzonen gegeneinander an.
  - Spielplatzspiele – Teambasierte Minispiele wie King, Flag Rush und Infected.
  - Benutzerdefiniertes Rennen – Erstellen Sie Lobbys mit bestimmten Einschränkungen und treten Sie ihnen bei.

Profi-Tipp: Horizon Open eignet sich hervorragend zum Sammeln von Einfluss, Wheelspins und zum Abhaken von Playlist-Zielen.

Konvois

- Temporäre oder dauerhafte Gruppen von Freunden, die Sie erkunden und mit denen Sie Rennen fahren können.

- Mitglieder werden auf der Karte synchronisiert angezeigt und können schnell zueinander reisen.
- Ideal für Roadtrips, Koop-Herausforderungen und die schnelle Koordination von Veranstaltungen.

Vereine

- Dauerhafte Gemeinschaften – wie Renngilden.
- Treten Sie je nach Können, Thema oder Stimmung öffentlichen oder privaten Clubs bei.
- Clubfunktionen:
  - Wöchentliche Bestenlisten (XP-Beitrag)
  - Geteilte Tags und Branding
  - Nur für Clubs verfügbare Filter zum Teilen von Lackierungen und Veranstaltungsplänen

7.2 PvP vs. Koop-Strategien

Ganz gleich, ob Sie gegen Fremde antreten oder sich mit Freunden zusammentun: Die richtige Strategie zu kennen, macht den Unterschied.

PvP-Tipps (Spieler gegen Spieler).

- Kennen Sie Ihr Klassen-Meta – Einige PI-Klassen sind wettbewerbsfähiger (z. B. A800 und S1900).
- Nutzen Sie Ghosting zu Ihrem Vorteil – Die meisten Horizon Open-Rennen verwenden in den ersten 10 Sekunden den Geistermodus; Verwenden Sie es, um sich sauber zu lösen.
- Bremsen Sie früh, nicht spät – Menschliche Spieler sind unberechenbar. Defensives Fahren gewinnt oft.

- Vermeiden Sie Wände – Im Gegensatz zur KI werden echte Spieler bei einem Absturz nicht langsamer. Ein Fehler kann Ihren Lauf beenden.

Meta-Einblick: AWD-Konstruktionen mit hoher Beschleunigung neigen dazu, früh in Rennen zu dominieren – ideal für schnelle Punkte bei Horizon Open.

Koop-Modetipps

- Verfügbar in:
    - Saisonmeisterschaften
    - Story-Events
    - Horizon Arcade
- Wettrennen mit Freunden vs. KI für bessere Gewinnchancen bei Playlist-Prämien.
- Kommunizieren Sie die Rollen – wer geht Ziele an, wer verteidigt Flaggen usw.
- Verwenden Voice-Chat oder Quick-Chat koordiniert zu bleiben.

Eliminator-Koop-Strategie (inoffiziell)

- Obwohl es sich um einen Solo-Modus handelt, schließen sich einige Spieler außerhalb des Mikrofons oder mit Freunden im freien Spiel zusammen, um Informationen auszutauschen und Showdowns zu dominieren.
- Tipp: Verwenden Sie Standort-Pings und Schatten, um Gegner während der letzten Rennen zu blockieren.

7.3 Beste Autos für Online-Spiele

Online spielen *Forza Horizon 6* geht es darum, das richtige Auto für den Job auszuwählen – Autos, die Geschwindigkeit, Grip und Anpassungsfähigkeit unter Druck in Einklang bringen. Hier sind einige klassenspezifische Champions, die online glänzen.

A-Klasse (A800) – Ausgewogene Meisterschaft

- Subaru WRX STI '15 (AWD-Version) – Ideal für gemischte Oberflächen.
- Honda NSX-R '92 (Griffaufbau) – Leichte und chirurgische Handhabung.
- Ford Escort RS Cosworth – Hervorragender Grip und Beschleunigung im Gelände.

Perfekt für offene Rennen und Koop-Spiele, bei denen Flexibilität entscheidend ist.

S1-Klasse (S1900) – Der Online-Sweet Spot

- Toyota Supra RZ '98 (AWD-Tausch) – Geschwindigkeit und Grip der Spitzenklasse.
- Lamborghini Huracán LP 610-4 – Allrounder mit starkem Top-End.
- Audi RS6 Avant – Schlafwagen mit Drehmoment und Stabilität.

Die meisten Horizon Open-Rennen finden in S1 statt – ideal für die Vorherrschaft auf der Straße.

S2-Klasse (S2998) – Geschwindigkeitsdämonen

- Koenigsegg Jesko – Brutale Geschwindigkeit, verrückter Abtrieb, schwer zu bändigen.
- Aston Martin Vulcan AMR Pro – Bessere Kontrolle auf engen Strecken.
- Bugatti Divo – Ideal für lange Sprints und Bestenlisten.

Online-Tipp: Verwenden Sie Community-Suchbegriffe wie „Meta", „Online-PvP" oder „Anti-Wall" für optimierte Builds.

7.4 Saisonale Events und Bestenlistenaufstieg

Jede Woche wird FH6 in seiner Festival-Playlist mit neuen Herausforderungen, Rennen und Ranglisten-Grinds aktualisiert.

Was sind saisonale Ereignisse?

- Wöchentlich wechselnde Ziele, verbunden mit:
  - Rennen (Straße, Dirt, Cross-Country, Straße)
  - PR-Stunts (Geschwindigkeitszonen, Gefahrenschilder, Driftzonen)
  - Horizon Arcade
  - Foto-, Schatz- und Sammlerherausforderungen
- Verdienste abschließen Punkte in Richtung saisonaler Belohnungen (Autos, Kleidung, Credits).

So dominieren Sie die Playlist

- Anforderungen frühzeitig prüfen – Autos und Tuning-Einschränkungen variieren wöchentlich.
- Tunen Sie Autos für die Veranstaltung – Ein ausgereiftes PI-Auto ist nicht immer das Beste; Ausgewogenheit ist der Schlüssel.

- Machen Sie Koop-Rennen für einfachere Siege gegen KI und mehr Playlist-Punkte.

Erklimmen Sie die Bestenlisten

- Für jeden PR-Stunt (z. B. Drift Zones, Speed Zones) gibt es eine globale Bestenliste.
- Verwenden Sie RWD-Drift-Builds oder Hochgeschwindigkeitsmonster, um die besten 1 % zu platzieren.
- Nutzen Sie den Rücklauf taktisch, um Kurven zu perfektionieren.

Bestenlisten-Profi-Tipp: Top-Spieler passen die Wetterbedingungen, die Fahrzeughöhe und den Reifendruck an und nutzen Rücklauf + Geisterläufe für chirurgische Versuche.

Belohnungen und Prestige

- Das Erklimmen der Bestenlisten und das Abschließen kompletter Saisons schaltet Folgendes frei:
    o Seltene und exklusive Autos
    o Legendärer Status
    o Der Club hat das Recht, sich zu rühmen
    o Auszeichnungen, Abzeichen und Profileffekte im Spiel

Wöchentliches Ziel: Ziel erreichen 40–60 Playlist-Punkte jede Woche, um beide saisonalen Belohnungsautos freizuschalten.

KAPITEL 8: SAISONALE HERAUSFORDERUNGEN UND BELOHNUNGEN

8.1 Die Festival-Playlist verstehen

Der Festival-Playlist ist Ihre saisonale Roadmap in FH6 – sie kombiniert Einzelspieler-, Koop- und Online-Aktivitäten mit einem lohnenden Fortschrittssystem, das an die In-Game-Wirtschaft gekoppelt ist.

Was ist die Festival-Playlist?

- Eine rotierende 4-wöchiger Saisonzyklus (Frühling, Sommer, Herbst, Winter)
- Jede Woche (Saison) bietet:
  - Einzigartige Autos
  - Kleidung & Kosmetik
  - Wheelspins und Credits
  - Community-Herausforderungen (Fotos, Schatzsuchen)
- Durch Veranstaltungen gesammelte Punkte tragen dazu bei saisonale und serienlange Belohnungen.

Warum es wichtig ist

- Unverzichtbar zum Entsperren exklusive Fahrzeuge Nicht in der Autoshow oder im Auktionshaus erhältlich.
- Treibende Kraft hinter Spielerengagement und langfristigen Zielen.
- Enthält oft zeitlich begrenzte Herausforderungen mit hohen Auszahlungen.

Wie es sich auf die Wirtschaft auswirkt

- Bietet stabiles Einkommen durch CR-, XP- und Forzathon-Punkte.
- Hoch Playlist-Abschluss = VIP-Ruf mit Vereinen und Community-Gründern.
- Fördert Abwechslung im Gameplay: von Offroad-Rennen bis hin zu kreativen Blaupausen.

Ziel: Mindestens 40–60 Punkte pro Woche erreichen, um beide saisonalen Belohnungsautos freizuschalten (normalerweise ein seltenes + episches oder legendäres).

8.2 Wöchentliche und monatliche Aufgaben erklärt

Jede Jahreszeit enthält eine Mischung aus Aktivitäten, die in unterteilt sind wöchentlich Und monatlich Kategorien, die sich jeweils auf Ihre Belohnungen und den Fortschritt in der Bestenliste auswirken.

Wöchentliche Aufgaben (alle 7 Tage zurückgesetzt)

- Saisonmeisterschaften – 3-Rennen-Events gegen KI oder mit Freunden.
- PR-Stunts – Geschwindigkeitszonen, Gefahrenschilder, Driftzonen.
- Foto-Herausforderungen – Schnappen Sie sich ein bestimmtes Auto oder eine bestimmte Szene.
- Horizon Arcade- oder Koop-Rennen
- Schatzsuchen und Sammlerstücke – Rätsel lösen, Gegenstände zerstören.

- Der Prozess – Eine Team-gegen-KI-Herausforderung mit hohem Schwierigkeitsgrad (bietet riesige Belohnungen).
- Saisonale Veranstaltungen – Playlist-spezifische Horizon Stories oder Showcases.

Rücksetzzeit: Alle Donnerstag, die globale Reset-Zeit wird mit der Zeitzone des Spielers synchronisiert.

Monatliche Aufgaben (alle 4 Wochen zurückgesetzt)

- Monatliche Rivalen – Schlagen Sie Geisterzeiten auf festgelegten Strecken mit Stock-Cars.
- Forza EV-Events – Fokus auf Elektroautos und sauberes Fahren.
- Online-Tour – Schließe Rennen mit Live-Spielern ab, um Punkte und Abzeichen zu erhalten.

Belohnungsstruktur

- Die Punkte pro Veranstaltung liegen normalerweise zwischen 1–10, wobei Belohnungen für die gesamte Saison etwa 60 Punkte erfordern.
- Extrapunkte können erworben werden durch:
    - Besitze DLC-Autos
    - Abschluss in höheren Schwierigkeitsstufen
    - Einreichen von Entwürfen, Blaupausen oder Melodien

8.3 Seltene Autos und freischaltbare Gegenstände aus den Saisons

Einige der begehrtesten Autos in *Forza Horizon 6* können nur durch saisonale Ereignisse oder zeitlich begrenzte Ziele erworben werden – was sie in der Wirtschaft wertvoll und im Auktionshaus stark nachgefragt macht.

Arten von saisonalen Freischaltungen

- Exklusive Prämienautos: Nur über die Festival-Playlist erhältlich.
    - Beispiele: Ferrari F355 Challenge, Ford Supervan 4, Toyota Celica GT-Four ST205.
- Rückkehr der Legacy-Fahrten: Klassische Forza-Favoriten, die zuvor gewölbt wurden.
- Themenfahrzeuge: Basierend auf saisonalen Ereignissen oder Feiertagen (z. B. Halloween-Muscle-Cars, Winter-Rallye-Monster).

Aufspüren, was selten ist

- Legendäre Stufe Autos sind in Ihrer Garage mit Gold gekennzeichnet.
- Das Auktionshaus zeigt die Nachfrage anhand der Preisobergrenze und des Gebotsvolumens.
- Einige seltene Autos erscheinen nur einmal pro Serie – seien Sie bei der Playlist-Vorschau wachsam.

Andere freischaltbare Elemente

- Emotes, Hörner und Kosmetika – Oft zeitlich begrenzt, thematisch auf die Jahreszeit abgestimmt.
- Exklusive Felgen, Kotflügel und Bodykits
- Super Wheelspins – Vergeben Sie große CR-Beträge oder legendäre Kosmetika.

8.4 Effiziente Landwirtschaftsstrategien

Egal, ob Sie nach CR, XP oder Fertigkeitspunkten suchen, Effizienz ist der Schlüssel. So bauen Sie Ihre Bank und Garage intelligent auf – nicht schwer.

Kreditlandwirtschaft

- Goliath AFK-Rennen: Erstelle einen 50-Runden-Goliath ohne Gegner. Gummiband deinen Controller, lass ihn fahren.
- Super Wheelspins: Farmen Sie Fertigkeitspunkte über Drift- oder Geschwindigkeitsfallen und wandeln Sie sie in Drehungen durch bestimmte Autos um (z. B. *Jeep Trailcat* oder *Toyota Supra* Fähigkeitsbäume).
- Auktionswechsel: Kaufen Sie unterbewertete Raritäten, tunen Sie sie und verkaufen Sie sie dann gewinnbringend weiter – insbesondere, wenn ein Saisonauto nicht mehr im Angebot ist.

Schnellste Farm: Kombiniere Goliath + Super Wheelspin-Builds. Sie erhalten gleichzeitig CR, Fertigkeitspunkte und Spins.

XP- und Fertigkeitspunkte-Farming

- Benutze Autos mit maximale Fähigkeitsketten, wie der Hoonicorn V2 oder der Formula Drift 599.

- Triff wiederholt Geschwindigkeits- und Driftzonen in Skill-Multiplikator-Zonen (z. B. Flughafen, Bergstraßen).
- Kombiniere Fähigkeiten mit aktiven Vorteilen wie „Skill Legend" und „Extra Life".

Nutzen Sie Blueprint-Rennen mit der Bezeichnung „Skill Point Farm" – von der Community erstellte Strecken, die in weniger als 3 Minuten maximale Punkte bringen.

Saisonale Playlist-Effizienz

- Ausschlagen Foto-, Arcade- und Sammelherausforderungen Zuerst (einfache Punkte).
- Nutzen Sie den Koop-Modus, um sich durch Meisterschaften zu kämpfen.
- Speichern Sie harte Dinge wie Der Prozess zum Schluss, oder machen Sie es mit Freunden, um die Frustration zu reduzieren.

KAPITEL 9: SAMMLERSTÜCKE UND GEHEIMNISSE

9.1 Scheunenfunde und Schatzsuchen

Scheunenfunde und Schatzsuchen verleihen dem Ganzen Rätsel und Spannung *Forza Horizon 6* Erfahrung und belohnt Spieler mit versteckten Autos und Sammlerstücken.

Scheunenfunde: Versteckte Autos freischalten

- Wie es funktioniert: Auf der gesamten Karte erhalten Sie Hinweise oder Flüstern von Charakteren, die auf versteckte Scheunen mit klassischen oder seltenen Autos hinweisen.
  - Verwenden Sie die Hinweise in der Bildschirm „Scheunenfund". um bestimmte Scheunen zu lokalisieren.
  - Wenn Sie einen Scheunenfund abschließen, wird das Auto für Ihre Garage freigeschaltet. Dabei handelt es sich oft um ein seltenes oder klassisches Fahrzeug, das Sie nirgendwo anders bekommen können.

Scheunenfundautos

- Zu den ikonischen Fahrzeugen, die in Barns gefunden wurden, gehören:
  - Volkswagen Typ 2 Bus – Ein beliebter und skurriler Klassiker.
  - Shelby Cobra 427 – Ein kraftvolles Muscle-Car.
  - Mazda RX-7 Spirit R – Ein ikonisches JDM-Auto.

Schatzsuche: Rätsel lösen

- Hinweissystem: Den Spielern werden kryptische Hinweise gegeben, die zu versteckten Schatzkisten führen. Wenn Sie diese freischalten, erhalten Sie Belohnungen wie CR, Super Wheelspins und manchmal seltene Autos.
  - Ein Hinweis könnte sich beispielsweise auf eine bestimmte Sehenswürdigkeit oder die Farbe eines Autos in Ihrem Inventar beziehen.
- Schatzsuchorte: Diese Schätze können in abgelegenen oder schwer zugänglichen Bereichen der Karte gefunden werden, was dem Spiel zusätzliche Erkundungsmöglichkeiten verleiht.

9.2 Bonustafeln und Gefahrenschilder

Diese Aktivitäten verbessern nicht nur die Fähigkeiten Ihres Autos, sondern eignen sich auch hervorragend zum Sammeln von Boni und zum Verbessern Ihrer Gesamtstatistik.

Bonustafeln: Fertigkeitspunkte und XP

- Standort: Über die Karte verteilt gibt es diese Tafeln XP Und Fähigkeitspunkte wenn es zerstört wird.
- Arten von Bonusboards:
    - XP-Boards: Bieten Sie eine große Menge XP.
    - Skillboards: Vergeben Sie Fertigkeitspunkte, mit denen Sie Autovorteile freischalten und Ihre Fahrzeuge verbessern können.
    - Schnellreisetafeln: Einmal gesammelt, reduzieren sie die Kosten für Schnellreisen auf der Karte und machen Ihre Reise effizienter.

Gefahrenzeichen: Stunt-Sprünge

- Wie es funktioniert: Gefahrenzeichen sind riesige Rampen oder Sprünge, die über die Karte verteilt sind. Ihr Ziel ist es, Ihr Auto von ihnen abzuheben und die größtmögliche Distanz oder Höhe zu erreichen.
- Tipps für den Erfolg:
    - Verwenden Sie Offroad-Autos: Einige Sprünge sind mit Fahrzeugen mit hoher Federung und Offroad-Tuning einfacher.
    - Maximale Geschwindigkeit: Stellen Sie sicher, dass Sie die richtige Geschwindigkeit haben, bevor Sie die Rampe erreichen, um maximale Airtime zu erzielen.

Gefahrenzeichen-Profi-Tipp: Erhöhen Sie die Geschwindigkeit Ihres Autos Nutzen Sie nahe gelegene Straßen und Umgebungen (z. B. bergab gelegenes Gelände), um die perfekte Sprungweite besser zu erreichen.

9.3 Foto-Challenges und Vista-Standorte

Die Foto-Challenges und Vista-Standorte sind perfekt für kreative Spieler, die die Schönheit der Welt des Horizon Festivals einfangen möchten.

Foto-Herausforderungen

- Übersicht über die Herausforderungen: Sie haben die Aufgabe, bestimmte Autos an bestimmten Orten zu fotografieren, unter Berücksichtigung zusätzlicher Bedingungen wie Tageszeit oder Wetter.
  - Beispiele: „Machen Sie ein Foto von einem Allradauto bei Sonnenuntergang am Meer" oder „Machen Sie ein Foto von einem Muscle-Car an der Radarfalle."
- Belohnen: Wenn Sie diese Herausforderungen abschließen, erhalten Sie CR, XP und gelegentlich exklusive Gegenstände oder Autos.

Vista-Standorte

- Orte der Schönheit: Dies sind malerische Aussichtspunkte rund um die Karte, perfekt für Schnappschüsse Ihrer Lieblingsautos.

- Einige Ausblicke sind auch damit verbunden saisonale Herausforderungen, was bedeutet, dass Sie bestimmte Orte besuchen und ihre Schönheit einfangen müssen.
- Entsperren: Der Besuch jedes Vista schaltet einen einzigartigen Erfolg frei oder gibt einen Bonus für Ihre Sammlung.

Für Trinkgeld: Die beste Zeit zum Fotografieren ist während der Goldene Stunde (früher Morgen oder Sonnenuntergang) für natürliche Lichteffekte.

9.4 Erfolge und versteckte Trophäen

Die Erfolgsjagd ist eine großartige Möglichkeit, Ihr Engagement zu vertiefen *Forza Horizon 6* und versteckte Inhalte freischalten.

Standarderfolge

- Beispiele:
  - *„Legendärer Rennfahrer"*: Schließe alle Herausforderungen des Horizon Festivals ab.
  - *„Der Sammler"*: Besitze 100 Autos.
  - *„Champion des Horizonts"*: Gewinnen Sie jede Saisonmeisterschaft mindestens einmal.

Versteckte Trophäen

- Dies sind Erfolge, die nicht sofort in der Liste des Spiels sichtbar sind.
- Versteckte Trophäen erfordern, dass Spieler das Spiel vollständig erkunden, oft einschließlich:

- o   Abschließen spezieller Story-Missionen.
- o   Verdienen Sie alle Sammelgegenstände (Bonustafeln, Scheunenfunde, Ausblicke).
- o   Erreichen bestimmter Meilensteine (z. B. 100 Rennen gewinnen).

Geheimnisse enthüllen

- Versteckte Erfolge führen oft dazu exklusive Autos oder seltene Ausrüstung.
- Spieler teilen oft versteckte Erfolge und wie man sie freischaltet, in der Community, also behalten Sie die Forza-Foren und sozialen Medien im Auge!

Geheimer Erfolgstipp: Für einige geheime Trophäen ist dies erforderlich Vervollständigen Sie alle saisonalen Inhalte in einer Serie (4 Wochen), also konzentrieren Sie sich darauf, vor dem Zurücksetzen alles zu erledigen.

KAPITEL 10: PROFI-TIPPS & MEISTERSTRATEGIEN

10.1 Drivatar AI: Wie man sie überlistet

Die KI in *Forza Horizon 6*, bekannt als Drivataresollen reales menschliches Verhalten bei Rennen simulieren. Wenn Sie wissen, wie Sie ihre Schwächen ausnutzen können, können Sie sich einen Wettbewerbsvorteil verschaffen.

Drivatare verstehen

- Verhalten: Drivatare verfügen über ein unterschiedliches Maß an Aggressivität, Geschicklichkeit und Unberechenbarkeit. Sie spiegeln die Tendenzen der Spieler wider, sind aber in bestimmten Situationen oft vorhersehbar.
    - Aggressive Drivatare stürzt sich auf Ecken und blockiert Sie, wenn Sie versuchen zu überholen.
    - Defensive Drivatare Gehen Sie breitere Linien und konzentrieren Sie sich darauf, Ihre Position zu behaupten.

Wie man sie überlistet

- Kurvenfahrt: Drivatars neigen dazu, in Kurven zu früh oder zu spät zu bremsen. Nutzen Sie dies zu Ihrem Vorteil:
    - Spät bremsen, lässt sie überschießen und überholt sie dann innen.
    - Wenn ein Drivatar eine breite Linie nimmt, können Sie überqueren und die Kurve schneller nehmen.
- Verteidigen und Angreifen:

- o Seien Sie nicht vorhersehbar: Drivatare lernen Ihre Taktiken und passen sich an. Mischen Sie Ihre Kurventechniken, von engen Linien bis hin zu breiten, um sie abzulenken.
- o Finten: Wenn Sie verfolgt werden, brechen Sie im letzten Moment hart ab und biegen Sie scharf ab. Drivatars folgen möglicherweise Ihrer alten Linie und geben Ihnen die Chance, sich zu lösen.

Für Trinkgeld: Drivatars können durch plötzliche Änderungen Ihres Fahrstils zum Verlangsamen „verleitet" werden, z. B. indem Sie einen Moment lang auf Gras oder Erde fahren und dann schnell wieder auf die Spur kommen.

10.2 Beherrschung von Driftzonen und Radarfallen

Das Beherrschen von Driftzonen und Radarfallen ist sowohl für das Vervollständigen der Festival-Playlist als auch für den Erfolg in der Bestenliste von entscheidender Bedeutung. So perfektionieren Sie Ihre Technik für diese beiden Schlüsselaktivitäten.

Driftzonen

- Driftzonen verstehen: Dies sind Abschnitte der Karte, in denen Sie kontinuierlich durch ein markiertes Gebiet driften müssen. Dafür werden Punkte vergeben Länge Ihres Drifts, Winkel, Und Stil.

So maximieren Sie die Drift-Scores

- Wählen Sie das richtige Auto: Autos mit a Hinterradantrieb (RWD) Die Konfiguration eignet sich normalerweise am besten zum Driften. Suchen Sie nach leichten, leistungsstarken Autos (z. B. Ford Mustang GT350, BMW M4).

- Stellen Sie sich auf Driften ein: Optimieren Sie Ihr Auto für Drift:
  - Reifendruck anpassen (niedriger für einfachere Drifteinleitung).
  - Erhöhen Sie den Heckflügel für mehr Stabilität am Heck.
  - Federung weich einstellen um das Kurvenverhalten des Fahrzeugs zu maximieren.
- Die richtige Technik:
  - Leiten Sie frühzeitig einen Drift ein, bevor Sie die Zone betreten. Für mehr Präzision verwenden Sie die E-Bremse um den Drift zu starten und ihn durch Modulieren des Gashebels zu steuern.
  - Behalten Sie einen gleichmäßigen Winkel bei und überkorrigieren Sie nicht. Übersteuern verschwendet wertvolle Zeit und Punkte.
- Tipps zur Driftzone:
  - Suchen Sie nach langen, geschwungenen Kurven, die es Ihnen ermöglichen, Ihren Driftwinkel aufzubauen, ohne dass scharfe Kurven Ihren Flow stören.
  - Wenn es Ihnen schwerfällt, die Kontrolle zu behalten, verwenden Sie Drifthilfen bis du dich wohl fühlst.

Für Trinkgeld: In schwierigeren Driftzonen ist es oft effizienter, die Geschwindigkeit zugunsten des Winkels zu opfern, um eine hohe Combo-Kette aufzubauen, als durch die Zone zu rasen.

Radarfallen

- Was sind Radarfallen?: Radarfallen sind Abschnitte, die Sie mit der höchstmöglichen Geschwindigkeit passieren müssen.

Planen Sie Ihre Vorgehensweise perfekt, um die höchstmögliche Punktzahl zu erreichen.

Wie man Radarfallen meistert

- Wählen Sie das richtige Auto: Verwenden Sie a Hochgeschwindigkeitsauto Das hat eine gute Beschleunigung und ein gutes Handling bei Höchstgeschwindigkeiten, wie das Bugatti Chiron oder Aston Martin DBS Superleggera.
- Tuning für Höchstgeschwindigkeit:
  o Maximieren Sie die Aerodynamik: Geringerer Abtrieb (vorne und hinten), um den Luftwiderstand zu verringern.
  o Maximieren Sie die Motorleistung: Verwenden Sie Autos mit hohe PS-Leistung und hohe Übersetzung für Geradeausgeschwindigkeit.
  o Verwenden Sie Übersetzungsverhältnisse: Richten Sie längere Übersetzungsverhältnisse ein, damit Ihr Auto bei hohen Geschwindigkeiten im optimalen Leistungsbereich bleibt.
- Ansatzstrategie:
  o Beginnen Sie mit a breiter Ansatz und steigere die Geschwindigkeit schrittweise, indem du die Geschwindigkeitsfalle mit Vollgas triffst.
  o Vermeiden Sie scharfe Kurven direkt vor der Falle; Sie benötigen eine saubere, ununterbrochene Leitung zur Falle.
- Speed-Trap-Läufe perfektionieren:
  o Geschwindigkeitszonen vor der Falle: Nutzen Sie Hochgeschwindigkeitsabschnitte der Strecke, um Schwung aufzubauen und unnötige Verlangsamungen zu vermeiden.
  o Abfassung: Wenn Sie sich in der Nähe anderer Autos befinden, kann es erheblich hilfreich sein, deren

Luftzug zu nutzen, um zusätzliche Geschwindigkeit zu erzielen.

Geschwindigkeitstipp: Steigern Sie Ihre Leistung bei Radarfallen, indem Sie verwenden Nitro- oder Turbo-Boosts kurz bevor man die Falle überquert, um den zusätzlichen Schub zu bekommen.

10.3 Ultimative Credits und XP-Farming-Techniken

Der effiziente Anbau von Credits (CR) und XP ist für den Fortschritt unerlässlich *Forza Horizon 6* und das Freischalten von Autos, Kosmetika und Upgrades. So maximieren Sie Ihre Einnahmen, ohne das Gefühl zu haben, zu viel zu mahlen.

Kreditmaximierung (CR) Landwirtschaft

- AFK Goliath-Rennen: Der Goliath ist das längste Rennen in *Forza Horizon 6*, und obwohl das manuelle Ausfüllen lange dauern kann, können Sie es als einrichten AFK Rennen um Credits, während Sie unterwegs sind.
  - Verwenden Sie ein Gummiband oder ein Controller-Makro, um Ihr Auto auf einer stabilen Strecke (z. B. geraden Straßen) zu halten, sodass Sie das Rennen ohne aktives Fahren beenden können.
  - Stellen Sie sicher, dass Ihr Auto der richtigen Klasse und dem richtigen Schwierigkeitsgrad entspricht, um das Rennen effizient zu gestalten.
- Auktionshaus-Flipping: Seltene Autos im Auktionshaus zu unterbewerteten Preisen zu kaufen und sie weiterzuverkaufen, kann unglaublich profitabel sein, insbesondere wenn das Auto nicht mehr in der aktuellen

Festival-Playlist verfügbar ist oder eine saisonale Belohnung ist.

- o Konzentrieren Sie sich darauf, Autos anzubieten, die beliebt sind oder eine Nischenattraktivität haben. Die Community gibt häufig Tipps zu den angesagten Autos zum Kauf und Verkauf.
- Car Meets & Horizon Arcade: Herausforderungen abschließen bei Horizon Arcade Bietet nicht nur XP, sondern kann auch ausgeführt werden Mehrspieler mit Freunden für noch mehr Belohnungen. Sich zusammenschließen Autotreffen hilft Ihnen außerdem dabei, mehr Gegenstände freizuschalten und gleichzeitig konsistent CR und XP zu verdienen.
  - o Achten Sie auf die Bonustafeln, denn viele können Sie dazu nutzen, Ihre Anstrengungen zu verdoppeln (z. B. das Ausfüllen von Fertigkeitstafeln neben anderen Aktivitäten).
- Fertigkeitspunkte-Farming: Verwenden Fähigkeitspunkte um Vergünstigungen für Ihre Autos freizuschalten und sich auf das Farmen von Fertigkeitspunkten zu konzentrieren:
  - o Driftzonen Und Geschwindigkeitszonen können ausgezeichnete Quellen für Fertigkeitspunkte sein.
  - o Bestimmte Autos mit guten Fähigkeitsbäumen, wie z Chevrolet Camaro Forza EditionGewähren Sie Fertigkeitsmultiplikatoren, die die Effizienz Ihrer Landwirtschaft steigern.

Landwirtschaftstipp: Nutzen Sie Ihr leistungsstärkstes Auto, um die lukrativsten Rennen und Aktivitäten zu absolvieren. Vergiss es nicht Super Wheelspin Belohnungen – sie bieten das Potenzial für große CR-Boni und Autofreischaltungen.

Maximierung der XP-Landwirtschaft

- XP-Boosts: Beginnen Sie mit dem Entsperren XP-Boosts durch Ihre Fahrzeugbeherrschung und Fertigkeitsbäume. Einige Fahrzeuge gewähren XP-Boosts nachdem Sie eine Reihe von Herausforderungen abgeschlossen oder bestimmte Fähigkeiten verbessert haben.
- Horizon Arcade: Mitmachen Horizon Arcade Veranstaltungen, wo Sie können Verdiene XP schnell, indem du verschiedene Herausforderungen meisterst. Diese können sich wiederholen, sind aber lohnend.
- Geschwindigkeitszonen und Driftzonen: Geschwindigkeitszonen, in denen Sie Geschwindigkeitsrekorde brechen müssen, und Driftzonen bieten hervorragende Ergebnisse XP Und Fähigkeitspunkte.
- Rennmeisterschaften: Konzentrieren Sie sich auf einen hohen Schwierigkeitsgrad saisonale Veranstaltungen, insbesondere diejenigen, die anbieten große XP-Belohnungen. Das Abschließen von Meisterschaften und zeitgesteuerten Events sorgt für einen erheblichen XP-Gewinn.

Für Trinkgeld: Kombinieren Sie Aktivitäten mit hoher Belohnung und geringem Aufwand wie Saisonale Veranstaltungen mit längerfristigen Aktivitäten wie z AFK Goliath läuft für die effektivste Landwirtschaftsstrategie.

10.4 Vorbereitung auf kompetitives Spielen und zukünftige Erweiterungen

Die Wettbewerbsseite von *Forza Horizon 6* bietet Spielern die Möglichkeit, ihre Fähigkeiten in Online-Rennen, Clubs und Ranglisten-Events gegen andere zu testen. In diesem Abschnitt erfahren Sie, wie Sie sich auf Spiele auf hohem Niveau vorbereiten und künftigen Erweiterungen und Updates immer einen Schritt voraus sind.

Wettbewerbsspiel: Vorbereitung auf Online-Events

- Autotuning für den Mehrspielermodus:
    - Für Multiplayer-Rennen sind fein abgestimmte Autos erforderlich, die für unterschiedliche Rennbedingungen optimal geeignet sind. Auf die Rennstrecke abgestimmte Autos sind für höhere Geschwindigkeiten und Handling ausgelegt Offroad-Gebäude werden für Langlaufveranstaltungen benötigt.
    - Tunen Sie Ihr Auto für die spezifischer Veranstaltungstyp (Straßenrennen, Dirt-Rennen usw.) durch Anpassen von Reifendruck, Federung, Gewichtsverteilung und Übersetzung.
- Die Bestenlisten verstehen: Im kompetitiven Spiel erfordert ein hoher Rang Beständigkeit:
    - Nehmen Sie regelmäßig teil Multiplayer-Rennen Und Ranglistenereignisse um Ihr Können zu steigern.
    - Konzentrieren Sie sich auf Punkte, nicht nur gewinnt. Das Erreichen von Zielen wie saubere Runden, Driftpunkte oder das Überholen einer bestimmten Anzahl von Spielern steigert Ihre Gesamtwertung.
- Erstellen einer erfolgreichen Strategie:
    - Informieren Sie sich über die Strecken und Veranstaltungen, an denen Sie teilnehmen. Legen Sie Ihre Rennstrategie fest (z. B. erfahren Sie, wo Drivatars dazu neigen, Fehler zu machen oder wo es Geschwindigkeitssteigerungen gibt).
    - Üben Sie die Fahrzeugbeherrschung, insbesondere mit Hochleistungsfahrzeuge die Sie bei Wettkämpfen einsetzen möchten.

Für Trinkgeld: Bei Online-Events kann der Wettbewerb hart werden. Bleiben Sie vorne, indem Sie Ihr Auto auf bestimmte Rennbedingungen abgestimmt halten Studieren Sie die Taktiken anderer Spieler sich einen Vorteil verschaffen.

Vorbereitung auf Erweiterungen und zukünftige Inhalte

- *Forza Horizon 6* wird wahrscheinlich vorkommen zukünftige Erweiterungen, einschließlich neuer Standorte, Autos und Herausforderungen. So bleiben Sie bereit:
  - DLC und Erweiterungspass: Stellen Sie sicher, dass Sie das haben Erweiterungspass für den Zugriff auf zukünftige Erweiterungen. Einige der besten Autos und Strecken sind in diesen herunterladbaren Paketen enthalten.
  - Halten Sie Ihre Garage bereit: Vorrat Credits Und seltene Autos die mit kommenden Updates noch wertvoller werden. Oldtimer und zeitlich begrenzte Fahrzeuge werden oft seltener, wenn neue Inhalte veröffentlicht werden.
  - Veranstaltungsvorschauen: Behalten Sie den Beamten im Auge *Forza Horizon* Kanäle und die Festival-Playlist für Hinweise über bevorstehende Erweiterungen oder saisonale Inhalte. Wenn Sie informiert sind, können Sie im Voraus planen, was kommt.

Erweiterungstipp: Sobald Erweiterungen angekündigt werden, beginnen Sie mit der Ausarbeitung spezifischer Eventtypen, die mit den neuen Inhalten in Zusammenhang stehen (z. B. wenn die Erweiterung weitere Offroad-Events hinzufügt, bereiten Sie sich darauf vor, indem Sie Offroad-Fahrzeuge sammeln und optimieren).

www.ingramcontent.com/pod-product-compliance
Lightning Source LLC
LaVergne TN
LVHW051608050326
832903LV00033B/4397